www.tredition.de

AF202485

„49"

Poesie einer Scheidung

von

Dietrich Sandlmayr
Chiemgau

www.tredition.de

© 2019 Dietrich Sandlmayer

Verlag & Druck: tredition GmbH, Halenreie 40-44, 22359 Hamburg

ISBN
Paperback   978-3-7497-4772-6
Hardcover   978-3-7497-4773-3
e-Book   978-3-7497-4774-0

Mein Dank ist gerichtet an all die Menschen, die an der Entstehung dieses Bandes beteiligt waren. Nicht zuletzt an meine ehemalige Gattin, die das ganze erst ermöglicht hat und all die Freunde, die mich gestützt haben in der schweren Zeit.

Gedacht ist der Band für alle, die ähnlich empfinden, aber keine Worte für ihre Sehnsucht und ihren Trost finden.

Gewidmet ist dieser Band der Person, die die großen Gefühle in dieser ernsten Zeit in mir auslöste. Diesem damaligen Lieblingsmenschen, der für mich nicht erreichbar war. Sie wird wissen wer es ist, wenn sie von diesem Band hört.

Inhalt

01) LIGHTS

Like the sunlight that shines soft on her hair,
so soft an sweet are my feelings for her.
My arms they long to hold hers tight,
because i know my feeling's allright.

Her soft brown eyes that smile all day along,
To touch her pale skin thats all I long.
All of this woman is fantastic and fine,
All that I long is, she should be mine.

She smiles in the morning like the rising sun,
To hold and to kiss her, that should be done.
How shall I tell her, that I want her for love,
cause life just without her would be like to starve.

Her total appearance is for me like a star.
For me she's the Person as the star of polar.
Bright he glows from the sky in the night.
So he gives the route, so clear and so right.

So let her listen to the beat of my heart,

Give me the patience till our love can start.

Each part of me, either body or soul,

just wants to love her all for hole.

02) HERBST AM SEE

Leis ganz leise säuselt der Wind,
Am Ufer des Sees spielt verträumt ein Kind.
Der Sonne Glanz brilliert auf den Wellenspitzen,
Wie ein Vogel so möcht' man drauf sitzen.
Sich treiben lassen auf dem heimisch Gestade,
Das wäre es jetzt, die Zeit wär' nicht schade.

Blätter rauschen vom Walde des Ufers heran,
Ihr Tanz auf dem Wasser zieht mich in den Bann.
So offen und sorglos treibt's Blattwerk daher,
Dabei ist uns Menschen der Herbst oft so schwer.
Angst vor Stürmen, dem Regen, dem Blitz
So hat man's gelernt, doch alles ohn' Nütz.

Schön ist der Herbst gar golden ist er
Doch dies auch zu sehen fällt vielen gar schwer.
Die Farben sie leuchten rotbraun golden drall,
Die Früchte sie reifen, sind süßlich und prall.

Der Strahl der Sonne noch Wärme er gibt,
Sein Funkeln im Wasser wirkt fast schon verliebt.
Am Ende des Tages wird's golden und rot
Es wirkt wie Lava die flüssig uns droht.

Davor ziehen langsam die Nebel empor
So wie der Atem von einem Thor,
Der hier am Ufer sein Unwesen treibt,
Am liebsten er im Verborgenen bleibt.

Sitzend am Ufer da knackst es und rauscht,
Als ob der Thor seine Kraft aufbraucht.
Es sind die Wellen getrieben vom Wind,
Und auch die Äste gebrochen vom Kind.

Da sitz' ich am Ufer vom grossen See,
Blick in die Ferne, doch ohne Fernweh.
Hinter dem Wasser die Berge ich seh',
Und dann einfach denk' ich: Mei is des schee....

03) HERBSTLIEBE

Bunt die Blätter, kalt der Wind,
so scheint der Herbst als stürmisches Kind.
Der Sonne Strahl blitzt auf den Wellen
in ihrer tausendfachen Pracht.
Die Nebel auf dies Licht sie prallen,
was diese Stimmung zauberhaft macht.

Ich sitze dort am Ufer des See'
Ich schaue hinaus und langsam verteh'
ich, wenn mein Herz dies alles sieht,
sich an der Füll der Farben erglüht.

Dann denke ich und schau zur Seit'n,
nur sie fehlt noch, mich zu begleit'n.
Die eine, die ich liebe ach so sehr
doch diese eine macht es mir schwer.
Ihr sanftes Haar im Licht der Sonn
erfüllt mein Herz mit voller Wonn.
Die sanften Augen, daraus ihr Blick
dies reicht schon und ich bin erquickt.

Die Sonne neigt sich zum Horizont,

so tief sie steht, ganz ungewohnt.

Die letzten Strahlen, der See er glüht,

So wie mein Herz, daß all dieses sieht.

Es hüpft und schlägt, es pocht und springt,

so wie's aus meiner Seele ringt.

Alles was bin ich, es ist für Dich da.

All meine Liebe die bringe ich dar.

So wie ein Herbstblatt, was schwebt auf den See.

So gleitet meine Sehnsucht dahin.

Das Schlagen des Herzens, es tut schon sehr weh,

Weil ich total verliebt in Dich bin.

04) WARUM?

Warum gehen Menschen so schlecht mit sich um?
Warum gar bringen die Einen die Anderen um?
Sie rufen zu Göttern und flehen sie an.
Doch welcher Gott nur bietet sich an,
In seinem Namen die zu vernichten,
Die nach seiner Schöpfung die Welt sollten richten.

Wer hat das Recht nur es dem andren zu nehmen,
Das Recht auf ein friedliches glückliches Leben?
Alle die wirklich und wahrhaftig glauben,
Werden nie dem andren, dem Nachbarn dies rauben.

Egal wie Gott heißt, es ist allen gemein,
Gottes Befehl heißt friedlich zu sein!
Egal ob Paris, Aleppo, Bagdad, Beirut
Jeder Mensch sündigt der dies nicht tut.

05) NOVEMBERMORGEN

Es ist schon kühl, der Nebel klamm
Als ich über den Hügel kam.
Da drunt im Tal war's naß und kalt
Doch hier auf der Kuppe wurd's wärmer bald.

Kaum erklommen die Spitz der Höhe
Ich mich im goldnen Sonnenlicht sehe.
Die Wiese liegt dampfend vor meinem Blick
Ich schau in die Gegend und hüpfe vor Glück.

Statt schauriger Nebel wie's eben noch war,
Liegt dort ein See, der die Sonne gebar.
Ein bischen im Dunst noch, doch wärmt sie schon
Die goldene Kugel am Horizon.

Ich wandere weiter, das Laub rauscht im Wind
Hin zu dem Städtchen ganz geschwind.
Das Städtchen am See dort mit all seinen Zinnen
Gülden bestrahlt, das mag ich gewinnen.

Ich eile an hohen Hecken vorbei,

Beeren und Trauben sind mir einerlei.

Ich mag einfach da sein am Ufer am See

Wenn der Tag erwacht und alles wird schee.

06) PIEPMATZ

Klein wie ein Punkt so kommt er daher,
Es fliegt der Vogel für ihn ist's nicht schwer.
Er setzt sich ganz nah an unser Haus,
Doch fliegt er weg kommen wir heraus.

Ob Meise blau, ob Kehle rot,
Paßt man nicht auf, schnell ist man tot.
Der Mensch ist doch schon recht verschlagen,
Denn Katzen hat er in allen Lagen.

Die Katze schleicht den Garten daher,
Das fällt ihr niemals richtig schwer.
Mit einem Satz zum Vogelhaus,
Will dem Vogel machen sie den garaus.

Doch blöd der Piepmatz gar nicht ist,
Er pfeift und dann er ist gewitzt,
Hebt er ab und flattert davon
Und kreist überm Garten in der Sonn.

Unten schleicht der Kater rum,

Der Piepmatz meint, man ist der dumm.

Die Katze Frist den Menschenfraß

Wird fett und liegt den Sommer im Graß.

Der Piepmatz flattert das ganze Jahr,

Kommt nur zum Menschen, wenn Futter ist rar.

Und dann auch nur mit ganz viel Scheu,

Ne Katze im Haus ist dem Piepmatz nicht neu.

Ob Spatz, ob Amsel, ob Meise gar Star,

Sie alle wissen macht sich die Katze rar,

Dann ist sie sicher die Vogelschar

Und futtert am Häuschen bis nix mehr ist da.

07) DAS SPIEL DER LIEBE

Von alles Seiten sind wir umgeben
Von vielen Menschen mit eigenem Leben.
Man geht durch den Tag und arbeitet viel.
Man sieht all die Menschen gehört in das Spiel.

Nur selten da merken wir plötzlich auf.
Da taucht ein Mensch der anders ist auf.
Mal merken wir's lang nicht er ist uns wichtig.
Doch dann geschieht es und dann richtig.

Alles ist anders nichts wie es war.
Alles anders, weil's plötzlich so war?
Mal ist es ein Lächeln ein Wort oder Blick,
Schon ist Gefühl da, es gibt kein Zurück.

Dann klopft das Herz, es pocht und man schwitzt,
Wie fühlt der Andre, der gegenüber sitzt.
Man spürt einen Zauber, ein Kribbeln ein Flehn.
Wenn ich es sage, was wird geschehn?

Werd ich gehört, wird es weitergehn?

Oder hört man mich nicht, wird alles vergehn?

Die meisten geh'n weiter, haben Furcht davor,

Das sie nicht gehört und weg ist Armor.

Doch wenn zwei da sind und hören sich zu,

Dann kommt der Zauber ganz im nu.

Aus Zauber wird Neigung hin zum Andern.

Daraus wird Liebe, man will keinen andren....

08) LIEBE UND ARBEIT

Es ist dieser Zauber der inne wohnt,
Wenn nicht's ist so wie immer gewohnt.
Nur weil die Post kommt, die Kellnerin,
Alles ist anders, es gibt keinen Sinn.
Man geht in die Arbeit und hofft sodann,
Ob ich Sie treff bei der Arbeit fortan?
Was sagen die Blicke, wie ist der Gruß?
Kommt es gar heute zum ersten Kuß?
Man weiß es nicht und lang muß man warten
Und den Moment den g'scheiten abwarten.
Dann steht sie vor Dir mit sanft-dunklem Haar,
Ihr Duft so vertraut Dir lange schon war.
Ein tiefes Lächeln aus den braunen Augen
Es läßt Dich hoffen und dann später glauben
Daß all's was Du siehst und hörst und empfindest
Du ihr noch sagst, bevor sie entschwindet.
Denn wenn dieser Mensch, der den Zauber erzeugt
Ganz nah bei Dir ist und Dich damit erfreut
Dann halte ihn fest und laß nicht mehr los
Sonst wäre der Schaden der Liebe zu groß.

09) FREUNDE

Es sind diese Menschen die immer da sind
Wenn alles schief läuft und nichts gelingt.
Sie sind einfach da und hören zu
Egal was ein Blödsinn ich gerade tu.

Man kann mit ihnen stundenlang schwätzen
Mit ihnen auch dickste Kuchen verputzen.
Blödsinn mit ihnen am Seeufer treiben
Und sich mit Wein die Sorgen vertreiben.

Es braucht nicht lange doch im nu
Sind sie da und langen auch zu,
Wenn man mal wieder im Dreck einer steckt
Und ist es symbolisch, so wird man geweckt.

Manchmal wird einem der Kopf auch gewaschen
Tut auch mal gut bei all diesen Sachen.
Auch dafür sind schließlich Freunde da
Das Leben es spielt nunmal nicht in der Bar.

10) STIHLECHT

Das Laub es fällt, der Motor heult,
Die Gärtner der Stadt das sehr erfreut.
Endlich ist keine Ruhe mehr da
Auf geht's zum Laubsaugen mit trara.

Pärchen schüchtern im Park herumstehn,
Na denen das knutschen wird rasch vergehn.
Wen kratzt das Eichkatzerl in der Natur,
Es sucht seinen Wintervorrat ja nur.

Hauptsach gepustet, geblasen, gesaugt
Und schon ist es weg das leidig Herbstlaub.
Schnell noch gepresst mit dem neuen Kompakter,
Schon ist es fertig und alles ad akta.

Kommt dann ein Knirps in den Park gelaufen,
Mann o Mann wo ist nur mein Haufen?
Aus Blättern den ich gestern gebaut,
In den ich alle Kastanien verstaut.

Tja so ist's Leben, gemein und gar hart.

Dem einen fehlt's Laub, dem andren Vorrat.

Beiden gemein ist beiden ein Ding,

Vom Laubsaugen versteht keiner den Sinn.

11) HOCHMOORBLICK

Heide erblüht auf der Höhe, die durchschnitten von Straßenasphalt.

Man spürt diese tiefe Ruhe, am Rand des Moors der entblätterte Wald.

Die Bäume wie kahle Gerippe dort stehn, das Blattwerk ist nieder, alles wirkt kalt.

Die Morgensonne umstrahlt diese Szene, alles durchflutet von Licht ist bald.

Die Wiesen sind wechselnd mal braun und mal grün,

Die Natur ist ein Wirrwarr doch immer auch schön.

Weidezäune stehn auf der Wiese, sind vermodert zum Teil

Mein Auto durchtrennt gerade diese, ist so schnell wie ein Pfeil.

Gern würd ich verweilen, dies Bild schaut mir an,

Doch ich muß jetzt eilen, übt die Szene auch Bann

Kein Nebel diesen Genuß heute stört,

Zu schaun auf dies Moor, daß ist es wert.

12) KUGEL ROT! - KUGEL TOT?

Rund und Rot so rollt sie dahin
Stetig bergab zum Tale hin.
Getrieben vom Regen vom Sturm und Wind
Doch alles im Rinnstein wo's niemand mehr find.

Es kreiselt der Ball im Laufe des Bachs
Der sich gebildet am Rande des Krachs
Von der Straße dicht an dicht
Und von daher kommt auch das Licht.

Das Leuchten der Lampen läßt die Kugel blitzen
Es funkelt im Rinnstein von Autos die flitzen.
Doch niemand sieht der Kugel Strahl,
Die der Wind vom Adventgesteck stahl.

Die Reifen sie zischen knapp dran vorbei,
Jetzt liegt sie im Roste s'ist eh einerlei.
Soeben erfreut hat's uns glitzernd und rot,
Nach dem Rechtsabbieger da war sie tot.

Geborsten die glitzernde Schale die helle,

Als ein Auto blitzschnelle

Über sie fuhr und sie brachte zum springen,

Diese Kugel koa Freud wird mehr bringen....

13) DER STICH

Man liebt einen Menschen doch traut man sich nicht
Es ihm zu sagen damit nichts zerbricht.
Man quält sich seit Wochen hin und her,
Das Denken, das Atmen alles fällt schwer.

Schließlich und endlich fast man den Entschluss,
Weil es ja doch mal gesagt werden muß,
Daß man ganz mutig sei beim nächsten Termin,
Nimmt sich viel vor und geht dann auch hin.

Wiederum geht's nicht die Leute umher
Die machen das Reden unglaublich schwer.
Ein weiterer Aufschub der Liebe egal,
Doch es bleibt weiterhin eine Qual.

Man sehnt sich den Lieben im Arm zu Haben,
Man mag sich mit ihm an der Zweisamkeit laben.
Doch dann kommt die Nachricht es ist wie ein Stich:
Egal wie Du fühlst, so will ich Dich nicht.

14) EINSAM DAHEIM

S'ist als ob die Welt ist verdreht,

Wenn man einsam zu Hause steht,

Obwohl die Leute sind alle da

Der Sohn der Sohn und die Mama.

Probleme der Arbeit, sie häufen sich an,

Keiner zum Reden allein steht man dann.

Man sagt viel, doch bitte, redet man auch?

Man kauft und kocht, satt ist der Bauch.

Doch was macht die Seele, daß Hirn und das Herz?

Gar kein Futter, daß bereitet viel Schmerz.

Man ist unter Leuten und doch ganz allein.

So sollte es wirklich für niemanden sein.

15) AUFBRUCH

Nach finsteren Tagen und schlaflosen Nächten
Als man gemeint das alles 'nem schlechten
Traum gewiß entsprungen war
So schlecht die Zeit für einen war.

Nur langsam man wieder aufstehen kann
Stück für Stück steht man seinen Mann.
Man sieht wieder Lichter die Natur ist schön
Man kann unter Leute jetzt wieder geh'n.

Man schöpft neue Hoffnung aus alter Freundschaft,
Man hofft, dass Enttäuschung wird wegschafft.
Das Leben ist manchmal schlecht und gemein,
Doch Kopf hängen lassen passt gar nicht hier rein.

Jetzt muß es weitergehn ohne Verdruß,
Denn sonst ist am Ende mittendrin Schluß.
Aufzugeben ist keine Moral,
auch wenn Aufstehen bedeutet Qual.
Es geht wieder weiter da steht Hoffnung drauf,
Geht eine Tür zu geht eine andere auf!

16) DAS GEFÜHL

Ein wohliges, ein warmes Fieber
Wohnt in unseren Herzen drin.
Ein stetes Zittern für und wieder,
Man möchte nur eines, ganz rasch hin.
Zu diesem einen Menschenwesen
Das einen umtreibt bei Tag und bei Nacht.
Man mag in seinen Augen lesen,
Die einen um den Schlaf gebracht.
Der Gang, die Haare alles ja,
Sind so wie für Dich ersonnen.
Der Anblick er verzückt Dich gar,
Gedanken werden schnell gesponnen.
Umarmen möchte man dies Wesen,
Und immer nur noch bei ihm sein.
Es ist als war es immer gewesen,
Das Kribbeln und Zittern ach so fein.
Alles zusammen der Liebe Spiel,
Uns jeden Tag erfreuen tut.
Möge es halten dies wohlig Gefühl,
Denn dann ist alles schön und gut.

17) MOMENT

Es ist einmal wie oft im Leben
Man hat wieder eine Chance vergeben.
Meint man alles korrekt zu machen,
Überholen uns einfach manche Sachen.

Im Job ist man korrekt und brav
Man kümmert sich und ist der Helfer.
Und schon erhält man seine Straf,
Wer anders steigt auf anstatt man selber.

Liebt man einen Menschen sehr,
Der verletzt und traurig ist
Versucht man alles dass nichts quer
Geschieht, den andren nicht verletzt.

Doch in der Zeit, man ist ganz zaghaft,
Und grübelt soll man doch mit Tatkraft,
Den anderen erobern schnell,
Ist jemand anders dann zur Stell.

Verpasst man hat die goldene Zeit,
An dem der andre war bereit?
Oder war's von Anbeginn an,
Jemand den man nicht erreichen kann?

Das Leben kennt die Antwort nur,
Wer weiß was hält es noch bereit.
Es wird bald geben eine neue Spur,
Es war im Moment die falsche Zeit.

18) WAS TUN

Man hat gelebt die vielen Jahre
Zusammen und hat vieles erreicht.
Doch irgendwie wurde Liebe zur Ware
Zum großen Gefühl hat es nicht mehr gereicht.

Kommt man nach Hause und fühlt sich allein
Denkt man sich so kann's doch wirklich nicht sein.
Man redet und und redet und sagt nichts mehr,
Die Tage sie werden schwerer und schwer.

Zusammen man war eine lange Zeit
Am Ende der Tage Entäuschung nur bleibt.
Ein riesiges Loch geht plötzlich auf
Man stürzt einfach nieder, steht man wieder auf?

Geht man dann wirklich oder bleibt wo man ist,
Es ist doch gemütlich, gibt man Galgenfrist?
Am Ende des Denkens die Frage sich stellt
Will ich Gefühle oder einfach nur Geld?

Bin ich noch glücklich oder herrscht nur Verdruß?

Was mache ich nun, mache ich Schluß?

Angst macht sich plötzlich im Leben breit

Bin ich so mutig, Bin ich bereit?

Für etwas Neues, für Freiheit und neues Gefühl,

Oder stürzt man in ein endloses Kampfgewühl?

Dieses immer nur dann entsteht,

Wenn man als Paar andere Wege geht.

Wenn einer geht runter, der andere rauf,

Der eine bleibt stehen, der andre sagt:Lauf!

Dann ist es besser dann soll es so sein

Besser jed's Licht leuchtet lieber allein.

Es ist nicht leicht, eine Liebe zu haben.

Doch noch viel härter ist's sie zu begraben.

Was bleibt nach Enttäuschung, Zweifeln, Verdruss

Am Ende da ist einfach irgendwann Schluss.

Die Wahl ist nicht einfach, denn es braucht Mut.

Ich denk es ist besser, wenn man es tut.

Ehrlich zu sein, zu sich und dem andern,

Anstatt so zu tun und gedanklich zu wandern.

Nur aus Vernunft bei dem andren zu sein,

Das hält niemand aus, dabei wird man gemein.

Man ist dann zwar da, doch gedanklich weit weg.

Und dieses hat dann für niemanden Zweck.

Ist man nicht mehr glücklich wie die Jahre zuvor,

Dann trägt die Liebe den Trauerflor.

Ewige Trauer statt Treue fortan?

Das kann es nicht sein, drum schreitet voran.

All die, die ihr gefangen seid

In Eurem Leben, in Eurem Leid.

Einmal noch Schmerzen, die Trennung tut weh.

Einen anderen Weg ich wirklich nicht seh'.

19) VERZWEIFLUNG

Niemals im Leben war ich so allein,
Noch nie fand ich's Leben so grausam gemein.
Am Anfang war's Freundschaft daraus wurde Liebe.
Ich wollte Dich halten, daß alles so bliebe.

Du warst sehr verletzt durch das was geschah.
Ich war gebunden das ist wahr.
Doch ich hab gespürt, dass ich ihn liebe
Diesen Menschen ach wenn er doch bliebe.

Ich wollte Dich führen zu der Liebe Altar,
Wollt ehrlich nur da sein für Dich immerda.
Ich konnt es nicht sagen zuviel war dagegen,
Alles nur der Vernunft halt wegen.

Das was nun jetzt ist geschen,
Alles das muß ich erst verstehen.
Ich machte mich frei und dacht Du würdst warten.
Doch irgendwas ist dazwischen geraten.

Du liebst jemand andres trotz dem was ich tat.

Für mich ist es grausam, es ist wirklich hart.

Ich liebe aufrecht, ehrlich nur Dich,

Dies Herz ist verzweifelt, ich hoff' daß nicht bricht.

20) NOVEMBERSCHNEE

Es glitzert am Morgen, die Wiese ist weiß.
Es ist noch was dunkel und alles ist leis.
Als Aufbegehren ein Hälmchen grün
Noch durch die weiße Puderschicht schien.

Durch die Wolken ein Strahl sich bricht
Es ist die Sonne die mit ihrem Licht
Alles nun zum Leuchten bringt
So daß man staunend die Augen ringt.

Seit wann kann der Staub dort sein golden und rot?
Was ist denn hier bloß nur geschehen?
Es ist ein Zauber der inne wohnt
Der Sonne Licht kann alles verdrehen.

Was eben noch weiß und wonnig war
Liegt nun im Sonnenlicht feurig da.
All über alles ist's doch wieder schee,
Wenn er fällt, der erste Schnee.

21) ALMHERBST

Drom auf dem Berg, ganz drom da am Karst,
Da wo der Adler hat seinen Horst.
Da mog i sei bei Sturm und bei Wind,
weil nur da herom mei Rua i find.

Die Viecha san talwärts, koa Glock'n mehr leit,
Ois da is stad, es hat koane Leit.
Von die Tannen falln Zapfen danieda,
In die Lärchen pfeift d'Wind seine oidn Lieda.

Der Reif am Morgn, er künd es o,
des scho bald der Schnee da sei ko.
Die Hütt'n g'sichert, des Hoizloga voi,
Der Winter mog kimma, auf des i mi gfrei.

Die Sonn scheint noch amoa am Abend daher,
Die Strahln spüan, des feid si ned schwea.
Darauf no a Glasel vom tiefrodn Wein,
Dazu Brot und Kaas, so sois hoid a sein.

Wenn morg'n ois weiß is vom erst'n Schnee,

die Rua wird noch größer und des is fei schee.

Mit'm Schlitt'n mia dann hoid talwärts fahrn,

Weil über Nacht halt der Winter kam.

.

22) SCHNEEFLÖCKCHEN

Wie ein Kristall vom Himmel geschwebt,
So kommt man sich vor, im Alltag bewegt.
Der Sturm des Lebens uns immerzu treibt
Wo unser Gefühl dann immer so bleibt.

Man sieht Menschen laufen, sie kommen und gehen
Bei dem ein oder andren, da bleibt man gern stehn.
Man hält schnell ein Pläuschchen über dies oder das
Doch rasch ist's vorbei und aus ist der Spaß.

Für echte Erzählung, gar Gefühl,
Da ist keine Zeit in unsrem Gewühl.
Man schiebt und man drängt sich von Ort zu Ort
Lernt man jemand kennen, ist er auch schon fort.

Und jeder ist einsam und schrecklich allein,
kann das denn der Sinn eines Lebens sein?
Nur treiben durchs Leben, weil alle es wollen?
Sind wir denn nur Flocken, die nirgends hin wollen?

Nehmt Euch doch mal Zeit und redet dann echt.

Denn dann ja erst dann werdet Ihr Euch gerecht.

Das Gespräch unter Menschen erfordert nicht viel,

Nur etwas Zeit, keinen Mut, schon ist man im Spiel.

Das Flöckchen darf treiben, sie ist ein Kristall.

Wunderschön zwar, doch von kurzem Verfall.

Auch wenn der Mensch sich gerne lässt schweben,

Wir sind doch anders möchten gern uns bewegen.

Wir brauchen ein Ziel, das woll'n wir erreichen,

Nicht einfach treiben, nicht sein wie die Gleichen.

Sonst liegen wir hinterher alle da

Wie auf dem Schneehaufen die Flockenschar

23) KINDER

Was sagen die Kinder zu alledem,
Können Sie's überhaupt schon versteh'n?
Plagt Sie die Angst was wird ohne Papa,
Oder hoffen sie bald weg ist die Mama?

Was grämt und was treibt sie denn dann um?
In welchen Gedanken treiben sie sich herum?
Die kleinen ins Märchen zu einem Prinzen,
Der alles rettet mit einem Grinsen?

Die Großen sie scheinen viel zu versteh'n,
Doch ehrlich die Teenies, die alles verdreh'n,
Die sollen plötzlich erwachsen sein
Und bei dem Chaos nicht einfach spein?

Es ist schon ein Grad auf dem man da läuft,
Bei dem Problemberg der sich da anhäuft.
Sagt man zuviel wird manipuliert,
Sagt man zu wenig die Kids man verliert.

Die Mitte treffen kann nur sein der Sinn,

Sonst landet man wieder vor der Richterin.

Dort zu verhandeln und zu lamentieren,

Kann selten zu etwas Sinnvollem führen.

Für die Kids soll'n Eltern jetzt denken

Die sich sonst rein gar nichts mehr schenken.

Manchmal da denkt man, ja s'ist gemein,

Soll die Entscheidung beim Richter doch sein.

24) MISSVERSTÄNDNIS

Was will man, wenn man in Trennung sich findet,
Ob man sich danach je wieder bindet?
Viele die gehen, haben schon ein Verhältnis,
Die Frage sich stellt, wirklich auch hält dies?

Die Sehnsucht ist, wenn man alleine da steht,
Daß bald was mit irgendwem anderen geht.
Mitten im Streit ist dies schon so sinnvoll?
Wenn man noch jeden Tag schimpft so toll?

Groß ist die Zahl der Damenwelt gar,
Die d'runter leiden als Zwischenpaar.
Gelitten haben zugunsten der Liebe,
Am Ende gab's leider für diese nur Hiebe.

Nach dem Streit dem großen gar,
Läuft ein Großteil der Männerschar
Nach kurzem Verhältnis wieder zur Jagd
Sucht wieder die Ehe, die holde Magd.

Sorry ihr Kerle, bin selber ein Mann,

Aber einer, der Haushalt auch selber kann.

Verliebt in die Frau seiner Träume gar,

Reicht ein er die Scheidung, es dauert ein Jahr.

Er hofft auf die eine, die er so sehr liebt,

Verehrt, will ihr helfen, für sie alles gibt.

Mutig tritt er zum Anwalt hin,

Er macht es anders, so macht es Sinn.

Erst einmal endet die alte Geschicht,

Vorsichtig ist er, dass der Kontakt nicht abbricht,

Der zu der Einen die er liebt so sehr

Nichts zu sagen, das fällt schon sehr schwer.

Das Schweigen ist eisern, ein Verhältnis zu haben,

Sei ja jetzt schlecht bei all diesen Fragen

Die da jetzt noch zu klären sind,

Man hält sich zurück, verweht fast vom Wind.

Am Ende Ihr Damen und das ist gemein,

Da steht der Ehrliche plötzlich allein.

Trotz aller Avancen vorm Scheidungstermin

Zieht's die Angebet'ne zum Anderen hin.

Frauen was wollt ihr, betrogen verletzt?

Vielleicht auch mal warten, wenn's einer beherzt

Angeht und sucht alles richtig zu machen,

doch ihr bestraft ihn, er wird's nie mehr machen...

25) SEHNSUCHT

Getrennt vom Partner ist man dann,
wenn man alleine schlafen kann.
Nach Jahren der Ehe ein komisch Gefühl,
plötzlich daneben gar kein Gewühl.

Es ist zur Erholung ganz gut und schön.
Doch irgendwann kommt es wie ein Flehn.
Man mag jemand haben in seinem Arm,
Den den man liebt und gerne hält warm.

Der Wunsch wieder lange in Augen zu schauen,
Die einen betören und schenken Vertrauen.
Die Sehnsucht daheim wieder alles zu kennen.
Ohne sich Freitags die Hacken zu rennen.

Zu wissen, es ist wieder jemand da
Anders als zuvor, doch immer halt ja.
Jahrelang braucht es, sich wirklich zu haben,
Sich jeden Tag an dem andren zu laben.

All dies ist Traum, auf den man dann hofft,

Solange man sich in der Wohnung noch zofft.

Doch spätestens nach einem Jahr ist's soweit

Das Ende ist da, man ist dann bereit.

Zu suchen ein neues Glück heißt das Ziel,

Es klingt so einfach, verlangt jedoch viel.

Misstrauen herrscht danach überall,

Doch wird es schon klappen, vielleicht mit 'nem Knall.

26) GELD

Es ist schon verwunderlich wenn's darum geht
Wer denn am End die Euronen umdreht.
Wer immer die Trennung als erstes wollt,
Soll plötzlich bezahlen in purem Gold.

Gerechnet wird auf beiden Seiten
Wer wird den Streitwert gut vorbereiten.
Rache ist süß heißt es dann süffisant,
Die Reihe von Forderung wird abgebrannt.

Trotz angebotenem fairen Vergleich
Geht es zum Anwalt zum Streiten gleich.
Dem Anderen glaubt man plötzlich kein Wort,
War er doch Ernährer, Buchhalter vor Ort.

Und es wird teurer, das Geld schwindet schnell,
Hätte man's doch geglaubt, s' war schon reell.
Was der Partner geboten hatte,
Jetzt steht der Anwalt bei ihr auf der Matte.

Mehr ist es nicht, was er erstritten,

Dafür ist er jetzt noch drin in der Mitten.

Er fordert für das Erstrittene da

ein nicht ganz knappes Honorar.

Vor'm nächsten mal mach einen Ehevertrag

Da kommt alles rein für diesen Tag,

Wenn man sich doch dann mal trennen will

Kennt jeder die Tranchen ohne unbill!

27) WAS KURZES

Der Krach ist da, die Liebe aus,

Wer geht als erstes aus dem Haus.

Ist erst einmal richtig die Liebe weg,

Gibt's nur noch Streit, was für ein Schreck.

Verstehen kann ich Geschlechtergenossen,

Die dann einfach und unverdrossen

Weiter so machen wie bisher

Denn dann wird der Teller niemals leer.

Mann geht dann auf Pirsch, verspricht einer Holden,

Die Alte kommt weg und sie kriegt die Dolden.

Vom Auto und Geldbeutel angetan,

Man ist ja doch knackig und auch noch jung

Denkt man die Alte ist abgetan,

Schmeißt sich an den Alten und ist dann dumm.

Denn wenn es ernst wird, bleibt er meist daheim,

Die Jüngere heult, Kerle sind so gemein.

28) AUTOS

Man meint es kaum, der Zankapfel groß
Geht's im Streit um das Fahrzeug, um die Autos.
Die Autos gekauft hat der Ehemann,
Versich'rung, Kredit bedient er dann.
Doch mit einem mal ganz anders es sei,
Plötzlich sind Fahrzeuge nicht einerlei.

Gerechnet wird plötzlich und auch geschachert.
Denn Auto 'nen Wert hat und der wird beachtet.
Vergessen wird schnell dass das Fahrzeug auch frist,
Sprit, Öl und Wartung und all diesen Mist.

Aber das halbe Auto, das gehört ihr
Wie beim Karren quietscht eine Tür?
Also Alter zur Werkstatt bring ihn dann,
Den Karren, daß ich weiter fahren kann.

Doch wer keinen Sprit tankt, kein Öl darauf tut,
Da tut's einem Leid, wenn's die Karre nicht tut.
Doch dafür mein Schatz und das ist beständig,
Als Fahrzeugführer man auch ist zuständig.

29) NEUNUNDVIERZIG

Wenn Du, Mitte vierzig, nach Mädeln Du schaust,
Paß nur drauf auf, auf was Du da baust,
Ein Mädel zu freien, das sympatisch und nett
Sie Dir erzählt, den fünfzger bald hätt.

Erzählt sie Dir dann noch es sei so gemein,
Wahrscheinlich sei sie mit fünfzig allein.
Dann sieh zu, wenn Du wirklich sie liebst,
Denn wenn Du Dich nur einer Schwäche ergibst.
Dann steigt die Angst der Verehrten schnell an,
Kommt in dem Moment ein anderer Mann,
Und Du kannst warum auch nicht schnell genug ran,
Dann bist Du sie los, obwohl Du sie liebst
Und Du bist der Dumme, alleine fortan.

30) LOVE TO HOLD

Deep in my heart I still believe
That all my feelings could achieve
You, although recently me you told
That another person now may you hold.

There's still desire to hold you tight
To touch your skin, your hair so bright
I long for your kiss, that was in the air
Because all my love, this all is still there.

My heart nearly broke, when you told me
There's another guy with you, it's not me.
My heart is still open babe, just believe
Although yout told me, that you would now leave.

My love for you will never die.
So be brave and don't be shy,
When the guy disappears and you're again sad
I will be here and it won't be bad
To come with me, the lifepath along.
My love for you could still be strong.

31) KONFLIKTE

Alles ist blöde alles ist Scheiße,
Wenn man sich nur anblafft auf diese Weise.
Kein normales Gespräch gibt es mehr,
Probleme zu lösen das ist jetzt schwer.

Festgefahren die Fronten sind
Das zu klären, fast wie beim Kind.
Nahezu hoffnungslos geht man da rein.
Man denkt sich bald: Ach lass es doch sein.

Doch dann der Zweifel, man will's halt versuchen
Und vielleicht noch eine Lösung her suchen.
Finanzen zu klären das ist das eine,
Doch eigentlich möchte man nur noch ins Reine.

Gefühle, Enttäuschung der Grund für all das
Belastet die Seele, es ist gar kein Spaß.
Wenn man sich mal ausspricht statt Vorwürfe teilen,
Dann könnt man vielleicht auch an Dingen feilen.

Wenn Liebe schon stirbt, so sollte man meinen,

Dann bleibt man im Anstand, bricht nicht mit den Seinen.

Weil man ja doch nicht da rauskommen kann,

Hat ja noch Kinder der Familie, man.

Man ist schon gezwungen, hat man's richtig gemacht

Die Kids mögen beide und so ist es vollbracht.

Die Kinder wünschen das Wochenmodell,

Nun fordert's die Eltern und zwar schnell

Die Lösung zu finden für Hof und Haus,

Eines ist klar, einer muß raus.

Wenn niemand hat jemals sich schlecht benommen,

Bleibt nur Verhandeln, die Lösung muß kommen.

Das schnell zu erreichen, das fällt allen schwer,

Denn der Verlust der schmerzt ja doch sehr.

Verloren die Liebe, nicht zwingen sie kann,

Darauf die Konflikte kaum lösbar sind dann.

32) PAUSE

Mal ist das Hirn leer und mir fällt nix ein,
Da erst bemerkt man, auch Pause muß sein.
Das Hirn wir zermartert von Gefühl und Verstand
Jeden Tag hofft man, daß man sich nicht verrannt.

So geht's mit dem Schlaf auch, mal wenig mal mehr
Stets ist es schwierig und nicht einfacher.
Wenn man versucht, sich zu betrinken,
könnte man ganz leicht im Suffe versinken.

Ne gute Brotzeit, mit den Kinderlein
Ist allemal besser, als Wein nur allein.
Es stärkt und man sieht, wozu man dies macht,
allzulang hat man sich nur wirre Gedanken gemacht.

Jetzt mach ich echt Pause
Leg den Griffel nun nieder.
Demnächst mal ne Sause
Auch das kommt dann wieder.

33) ABEND

Jetzt ist es dunkel, die Kinder im Bett.
Man möchte meinen, jetzt wird es nett.
Was Fernseh schauen ein Bierchen dazu,
Die Chips noch auf, ja das wäre Ruh.

Im Trennungsjahr da ist es anders,
Man nützt die Zeit für ganz was spanndres.
Die Nachbarn und die Feundinnen,
Die werden noch schnell informiert
Ob der Gatte wird sich besinnen,
Oder doch auf's Brot ihr was schmiert.

Fernseh schauen ist ein Graus,
Mit diesem Nachbarn hältst es nicht aus.
Ein Buch zu lesen fällt recht schwer,
Bald geht es wirklich nimmermehr.
Zu Freunden raus gehen kommt auch nicht gut,
weiß man nicht, was der Andre tut.
So sitzt man dann nach dem Frust des Tages
Und rechnet 'rum, ich hoff' man mag es.

Und so zieht er mal wieder verdrießlich dahin,

Der verpasste Abend mit Wein am Kamin.

34) KAMINABEND

Es prasselt das Feuer im offnen Kamin,
Draussen rieselt leise der Schnee.
Ich träume mich in Zeiten dahin.
Wie ich hier liege mit einer Fee.

Die Wärme des Feuers ist wohlig und warm,
Dabei halte ich meinen Schatz im Arm.
Wir halten umschlungen uns Haut an Haut,
Hoffen ganz innig, dass jeder drauf baut,
Daß dieses Glück nie wieder enden mag
Nicht bei der Nacht und auch nicht am Tag.

Es ist ein Tagtraum, das ist wahr,
Auch wenn geträumt er am Abend war.
Doch Träume sind Ziele in unsrem Leben,
Wer keine mehr hat, der muß sich ergeben.
Hingeben in einem Schicksal dann,
Welches man nicht beeinflussen kann.

Doch der, der noch träumt von prasselnder Glut,

Dem geht es nicht schlecht, wenn er alles tut,

Dem Ziel irgendwann nahe zu sein,

Sich auch des Lebens wieder zu freun.

35) HOMAGE

Ihr Frauen ab vierzig ihr seid eine Wucht
Wenn man nach so einer im Leben mal sucht.
Ihr habt viel Erfahrung, habt viel schon erlebt,
Manches so hart, daß die Stimme erbebt.

Viele von Euch sind einsam, allein,
Denn viele Kerle sind einfach gemein.
Haben mit Kindern Euch sitzen gelassen,
Wegen 'ner Jungen und die zieht Grimassen.

Doch nach ein paar Jahren dann,
Seid ihr da durch und steht Euren Mann.
    (sorry reimt sonst nicht ;-))
Im Job, bei den Kindern ist alles famos,
Nur oft in der Liebe, da ist nichts los.

Die Kerle die frei sind, die suchen was Junges,
Erfahrung sucht keiner, oh wie das dumm ist.
Mit Euch kann man nämlich alles bereden,
Ihr seid respektvoll im Paar dann für jeden.

Und jetzt einmal ehrlich, ist die Trauer vorbei,

Daß man verlassen wurd, s'ist einerlei.

Auf geht es zum Sporteln weg mit Bauch,

Die Twens die sind mager, wollt Ihr das auch?

Sorry ihr Mädels so ganz ist's nicht wichtig.

Was will man mit Traummaßen angeben dann,

Wenn sanft die Augen sag'n, ich bin innen richtig

Dann pfeift auf zuviel Gesportel dann.

36) I WOAS GRAD NIX

Gar nix zu denken tut auch einmal gut,

Sonst herrscht immer Ärger, daraus wird Wut.

Ertränkt Eure Sorgen in 'nem Becher voll Wein,

Würd' Sänger Bushido wahrscheinlich jetzt schrein.

Die Idee ist ganz reizvoll, gar prächtig sogar,

Den Becher voll Wein, den hätte ich da.

Manchmal da muss es einfach mal sein,

Und statt einer Tüte hilft ein Becher voll Wein.

Danach noch zu denken ist sicher nicht gut,

Hoffentlich legt sich des Tages Wut.

Den Becher gefüllt mit herrlichem Zweigelt,

Auf dass dieser Streß nun endlich vorbeigeht.

Skoll!

37) PERSONEN

Ich red' mit der Mama, die Mama weiß nix,

Der Sohn ist verliebt ja Mensch kruzifix.

Der Papa weiß alles und sagt es ihr nie,

Die Mama fällt flehend schon bald auf die Knie.

Die Söhne die reden mit Mum und mit Dad,

vom andren der andre gern wissen tät.

Die Freundin ist wahrlich ein komischer Faktor,

Der Freund aber auch, es wird immer vertrakter.

Der Freund eines Sohnes auch recht viel weiß,

Ja Mensch, wer versteht denn noch den ganzen Scheiß.

Die Mutter, die hier spielt eine Rolle

kennt anscheint's keiner, als ob's keiner wolle.

Die Freundin von einer Person ist 'ne Nachbarin,

Die andere auch, das ist ja ein Ding.

Keiner weiß Alles am guten Schluß

Und wiedermal herrscht nur der Streß und Verdruss.

38) KLEINE ETAPPEN

Irgendwann kommt man an dem Punkte an,
Da will man nur eines, schnell voran.
Nichts tut sich und gar nichts geht weiter,
Das alles stimmt alle nur wenig heiter.

Man plagt durch den Tag sich unumwunden,
Doch dabei schlägt man nur weitere Wunden.
Plötzlich da hat man gar keinen Stil,
Aus einer Mücke macht man ganz viel.

Nur die Frage wer bringt sie zur Schule
Haut beide Partner fast schon vom Stuhle.
Wer Essen kocht, die Wäsche macht,
Alles dies macht schlaflos die ganze Nacht.

Jedes Wörtchen die Waage neigt,
Keiner ist mehr zum Reden bereit.
Geredet wird viel mit anderen Leuten,
Doch wie bitte soll man dieses bloß deuten.

Ist's Einsamkeit, ist's Hilflosigkeit,

Wenn alles endet wieder im Streit.

Gemeinsam besprechen das wäre sinnvoll,

Ein friedliches Essen das wäre schon toll.

39) LIBERTÉE, EGALITÉE, FRATERNITÉE

Diese drei Wörter all die begleiten,
die für ein besseres Leben streiten.
Freiheit, Gleichheit, Brüderlichkeit,
Dazu sollt jeder immer bereit.

Bei einer Trennung die Freiheit wird groß,
doch leider ist es meistens längst nicht famos.
Der Freiheit folgt Arbeit zum Wohle der Seinen,
Wenn man das nicht tut, gibts vieles zum Weinen.

Gleichheit gibt's fast nie, s'ist wie ein Traum,
Einer zieht den kürz'ren, vor Wut hat er Schaum
Dort vor dem Mund und will nun erreichen,
Der andere, der soll die Zeche begleichen.

Brüderlichkeit, Geschwistern gleich handeln,
Den anderen wirklich respektvoll behandeln.
Dies prinzipiell möglich ist für alle da,
Leider im Alltag macht sich dies rar.

Die Trennung selber ist Revolution,

Wie jedem Kampf, folgt hier ein Sturm,

Der die Ideale und alle Pflichten,

Mit seinem Getöse wird vernichten.

Wo bleibt bei allem die Menschlichkeit dann,

Die uns doch weltweit zieht in den Bann.

Die ganze Welt meint man, kann man gewinnen,

Doch sollte man erstmal im Kleinen beginnen.

40) GELIEBTER MENSCH

Furchtbar war diese Nachricht erst,
Fast hät es mir dabei das Herz zerberst.
Verplant in der Trennung hofft man auf Neues,
War zögernd, das Risiko oft man scheut es.

Dadurch bedingt und durch das Trara,
Wurde ein großer Wunsch dann nicht wahr.
Die neue Liebe, die man hat entdeckt,
Liebt jemand andren, die Hoffnung ist weg.

Bei all der Enttäuschung bleibt eins zu tun,
Man darf sich niemals zu früh ausruh'n.
Es kostet Kraft, noch einmal zu starten,
Den Moment für's Gespräch dann abzuwarten.

War das Gefühl offen und ehrlich,
Dann ist es möglich, wenn auch beschwerlich,
Den Menschen den liebt man auch weiter zu lieben,
Und man kann sagen: Wir sind Freunde geblieben.

41) ACHTUNG

In all dem Ärger dem Frust und dem Streit,
Soll man auch zur Fairness bereit
Sein und seinem Partner nicht alles vermiesen,
Denn jahrelang hat man geliebt ja diesen.

Der eine hat Kinder zur Welt gebracht,
Der andre gearbeitet Tag und Nacht.
Alles zusammen hat gut funktioniert
und vieles hat man gemeinsam probiert.

Durch viele Täler ist man geschritten,
Das gesattelte Roß man gemeinsam geritten.
Chapot für die Leistungen Aller ja,
Die man geschafft hat Jahr um Jahr.

All dies verdient Achtung dem Gegenüber,
Auch wenn bei der Trennung im Für und Wieder
Kaum einmal Zeit ist das auch mal zu sehen.
Nur aus diesem Grund konnt' man so lang bestehen.

42) ZERBRECHLICH

Gefühle sind zart, ganz sanft und zerbrechlich
Ganz genau dann, wenn sie sollten sein mächtig.
Sie halten uns aufrecht, gar manchmal am Leben,
Wenn wir sind einsam, nach Wärme wir streben.

Wie eine Blume so sanft und zart
Ist der Gefühle Eigenart
Sind sie nicht gepflegt, schwinden schnell sie dahin.
Dabei versteht man nur selten den Sinn.

Erst in der Rückschau wird oft einem klar,
Welches Gefühl es wirklich dann war.
War es nur Freundschaft, oder doch Liebe,
War es das letzte, die Zeit stehen bliebe.

Doch auch dann ist es oftmals zu spät,
Weil sich das Zeitenrad stets weiter dreht.
Gefühle die brauchen Pflege und Licht,
Weil sonst das Gefühl, einfach zerbricht.

43) FROST

Die dünne Schicht Eis, sie liegt auf dem See
Der Vogel kommt trinken, doch es tut ihm weh.
Das Wasser was er ja zum Leben braucht,
Scheint plötzlich starr und aufgebraucht.

Neben dem Wasser auf Zweigen und Spitzen
Eiskristalle nun darauf sitzen.
Im Strahle der Sonne es funkelt und blinkt,
Der Frost uns allen auch Schönes bringt.

Der Rauhreif am morgen liegt auf Feldern und
Wiesen,
Er bringt einen weißen Schimmer nun diesen.
Steigt auf die Sonne so dampft es gar sehr
und es steigt Nebel auf, der's schnaufen macht
schwer.

Die Wolken des Atems vor einem blühen,
Dazu die Wangen fürchterlich glühen.
Die Augen die macht man gerne jetzt klein,
Am Ende träumt man nur von heißem Wein.

S'ist Winter jetzt, man wird nicht schnell alt.

Auch wenn's in Gelenken mal birst und mal knallt.

Denk an was Schönes und das ist der Trost,

nicht nur was Schnödes, das bringt der Frost.

44) STAUBKORN

Wir alle Menschen auf diesem tollen Planeten,
Wir alle schauen ziemlich betreten,
Wenn uns mal klar wird, wie winzig und klein
Wir alle so sind im Weltall allein.

Wir hocken doch alle zusammen gar
Auf dieser Kugel, der Blauen da.
Die Kugel im All schon kaum einer find,
Wir einzeln darauf nur ein Staubkorn im Wind.

Und doch finden wir uns immer ganz wichtig,
All das wir tun ist wahrhaftig richtig.
Wenn alles gelingt im Lebenslauf,
Dann singen die Ahnen Lieder darauf.

Ist man ganz groß und auch noch mächtig,
Baut man uns Statuen, die sind dann prächtig.
Doch Lieder verklingen und Marmor zerbricht,
Vor der Zeit, der ew'gen Geschicht.

Man sollte im Leben aufrichtig sein
Und nicht zu laut im Streite schnell schrein.
Denn eins ist des Lebens Stachel, ein Dorn,
Müssen wir gehen, bleibt nur ein Staubkorn.

45) JE RÖTER DER ABEND

Ich sitze mal wieder bei mir hier am See,
Ich freu mich darüber, was ich alles seh.
Ich sitze am Ufer und langsam wird's kühl,
Ich schau in die Sonne, es blendet viel.

Der Abendzauber zieht jetzt heran,
Das Licht ist berauschend zieht mich in den Bann.
Zwischen den Wolken da strahlt es daher,
Um dann zu funkeln auf dem bayerischen Meer.

Die Gipfel der Berge schneebedeckt,
Liegen im Schleier ganz unentdeckt.
Nur ganz vereinzelt durch Wolkenlücken
Scheinen sie durch und können beglücken.

Drunten am Wasser die Wellen sich kräuseln,
Es ist wie Musik wenn sie säuseln.
Auf den Spitzen der Wellen die Lichter glitzen,
In tausenden Farben sie helle blitzen.

Der Tag nimmt nun Abschied, nun ist es soweit,
Die Sonne macht sich dort am Horizont breit.
Ein rotleuchtend Ball am Himmel dort steht,
Bevor er ganz rasch dann doch untergeht.
Erstrahlt dann der Himmel in leuchtendem rot,
dann ist's bald vorbei das Abendrot.
Der Mond er grüßt schon von der anderen Seit,
Am See wird es still, ist zur Nachtruh bereit.

46) ALTERN

Nun ja man weiß heut' ja schon recht bald,
Sterbe ich jung oder werde ich alt.
Dank Ahnenforschung und Gentechnik
Bestimmen wir können unser Geschick.
Wir können uns alle gesund ernähren,
Sport treiben, bewegen und uns aufklären
Lassen von all jenen Wissenschaftlern
Hoffen daß keiner davon ist Scharlatarn.
Das Alt werden wird uns heut' leicht gemacht,
Dafür gibt's Reichtum und Wissenschaft.
War man früher mit fünfzig schon alt,
Geht's oft heut erst los und dann auch geballt.
Man ist frisch geschieden und neu verliebt,
Für einsame Herzen es Börsen gibt.
Irgendwie ist es schon schön anzuschauen,
Wie sie wirken die lieblichen Frauen.
Denn es werden immer mehr und noch mehr,
Die besser ausschauen als Zwanziger.
Es wird gesportelt, gewandert, getanzt,
Von wegen mit fünfzig hat jede 'nen Wanst.
Und auch die Seele bleibt jung und witzig,

Man will was erleben und das ist auch richtig.

Die andere Seite, der Lebensplan,

Er wird nicht verworfen, denn irgendwann,

Sind Kinder dann groß und aus dem Haus,

Dann geht es erst los, das Leben im Braus.

Hat man dann alles richtig gemacht,

Hat einen Partner und alles bedacht,

Dann kann man genießen, was man sich erschuf,

Über Jahrzehnte, bis zum letzten Ruf.

Bis dahin soll'n alle sich lieben und halten,

Denn dann sind wir die glücklichen Alten.

Die Hände haltend an Parkbänken stehn,

Sich stundenlang in die Augen sehn.

Wir sind nicht verbittert über das Leben,

Wir ham's in der Hand und woll'n danach streben.

Arm in Arm so ist der Traum

wollen wir gehen, gefällt wie ein Baum.

Das letzte was uns dann noch erquick,

Aus des Partners Augen der ewige Blick.

47) MADEIRA

Rot die Felsen am Hang dem steilen,
Drum herum das Meer türkisblau.
Im Innern des Landes die Nebel weilen,
Mitten im Wald da steht eine Frau.

Agaven direkt am Ufer dort stehen,
Am Hang der Berge ein Bogen zu sehen,
der viele hundert Farben zeigt,
Man setzt sich hin, geniest und schweigt.

Das Licht im Wald es wirkt recht schüchtern,
Doch auf dem Meer die Wellen glitzern
Von der Sonne Strahl und Kraft,
Die auch die Magie des Felsens erschafft.

Landeinwärts da wirkt er schroff und ergraut
Am Meer schaut's fast aus wie aus Ziegeln erbaut.
Dazwischen der Wald liegt mit all seinem grün,
die Insel wahrhaftig, die ist einfach schön.

48) AUSTRALIA

Ihr werdet Euch wundern wovon ich berichte,
Es ist eine wirklich lange Geschichte.
Ein alter Freund aus vergangener Zeit
Macht sich auch grad' fürs Leben bereit.

Er macht eine Auszeit und reist um die Welt,
Es geht ihm wohl gut und hat genug Geld.
Vom anderen Ende der Erde down under
Meldet er sich recht häufig voll Gewunder.

Wie meinen alten Job bin ich los?
Ja was ist denn bei Euch beiden los?
Er wünscht mir viel Kraft, schickt Bilder dazu,
Von Sidney und Perth und aus der Natur.

Vom Barrier Reef mit all den Korallen
Aus dem Garten Eden mit Pflanzen den allen.
Überall Palmen steh'n dort am Strand.
Es ist schon ein wirklich ganz andres Land.

Die Landschaft ist herrlich, beeindruckend gar,

Strände romantisch und ich war nie da.

Werd' ich ehrlich gefragt, sag ich ehrlich dazu

Ich hätte jetzt gerne nur meine Ruh.

Doch auch diese Grüße vom Eck des Planeten

Sie helfen weiter den Tag anzutreten.

Was immer er bringt, was kommen mag.

Nach einem Jahr, da endet die Plag.

49) DAS ENDE

So liebe Leute, das ist es gewesen,
Ihr hattet viel Spaß hoff' ich hier beim Lesen.
Manches war traurig, vielleicht auch gemein,
aber es sollte alles mit rein.

In diesem Gedichtband ist vieles passiert,
Kaum einer ist glücklich, fast jeder frustriert.
Doch gibt es selbst an düst'ren Novembertagen,
Dinge die einfach die Seele laben.

Man muss nur gut schaun und dann einfach machen,
Schon gelingen dem Menschen die tollsten Sachen.
Ist man auch verzweifelt und kann nicht mehr,
Da sprudeln plötzlich Worte daher.

Der Schädel er raucht, das Keyboard es qualmt,
Von meinen Gedanken die Festplatte malmt.
Ist der Speicher noch so groß,
Er läuft bald über, was mache ich bloß?

Ich gehe zum Drucker und lass die Gedanken

Und alle Gefühle ganz ohne Schranken

In einem Band einfangen blitzschnell,

Dann kann ich es teilen mit allen, gell.

Jeder der Furcht hat vor einer Trennung,

Den kann ich verstehen mit all seiner Hemmung.

Vieles geht schief, nichts funktioniert

Man ist häufig traurig, total deprimiert.

Gefühle die fahren dann Achterbahn

Wohl dem hat man Freunde, die einen dann

Aus tiefstem Tal herausführen kann,

Wenn wieder die Seele liegt wie ein Bann

Auf jedem Tag und irgendwie dann:

Es kommt der Tag, an dem ist dann Schluß,

Der Tag der Scheidung, er bringt den Entschluß.

Nicht alles war letztlich nur Schrecklich gemein,

Es war das Ende, das nicht hätte soll'n sein.

Die Jahre zuvor, sie waren nicht schlecht,

Und nach der Trennung hat jeder das Recht

Sich in dem Leben neu aufzumachen

Nen Partner zu suchen für all die Sachen,

Die jetzt noch auf der Wunschliste stehen,

Vieles im Leben wurd' noch nicht gesehen.

Ziel ist es beim nächsten Versuch
Schlauer zu sein ohne Eifersucht
Den andren zu lieben, zu achten und halten
Auf das die Liebe wird immer behalten.

Das Ziel ganz fest ins Aug' genommen,
Den Partner immer fest umschlungen
Doch mit der Freiheit der zu sein
Der man ist und nicht allein.

Wenn einem dies nach Trennung gelingt,
Dann war die Scheidung nicht unbedingt
Die schlechteste Tat im Leben gewesen,
Denn man lernt Zuversicht trotz aller Spesen.

Zeitfracht Medien GmbH
Ferdinand-Jühlke-Straße 7
99095 Erfurt, Deutschland
produktsicherheit@kolibri360.de